S0-BDO-178

LIFE STORIES / BIOGRAFÍAS

GEORGE WASHINGTON

Gillian Gosman

Traducción al español: Eduardo Alamán

PowerKiDS press

New York

Published in 2011 by The Rosen Publishing Group, Inc.
29 East 21st Street, New York, NY 10010

First Edition

Editor: Jennifer Way
Book Design: Ashley Burrell and Erica Clendening
Spanish translation: Eduardo Alamán

Photo Credits: Cover, pp. 12, 22 (top) © www.iStockphoto.com/Duncan Walker; cover (inset), pp. 7, 12–13 Photos.com/Thinkstock; pp. 4–5 © www.iStockphoto.com/Grafissimo; p. 6 MPI/Getty Images; pp. 8–9 Reverend Samuel Manning/Getty Images; pp. 10–11 Taxi/Getty Images; p. 11 (inset) Time Inc. Picture Collection/Time & Life Pictures/Getty Images; p. 14 © www.iStockphoto.com/Nicoolay; pp. 14–15, 18 iStockphoto/Thinkstock; p. 16 © www.iStockphoto.com/Andrea Gingerich; pp. 16–17, 22 (bottom) Stock Montage/Getty Images; p. 19 © www.iStockphoto.com/Pictore; pp. 20–21 © www.iStockphoto.com/Clay Cartwright; p. 20 (inset) Getty Images.

Library of Congress Cataloging-in-Publication Data

Gosman, Gillian.
George Washington / by Gillian Gosman. — 1st ed.
p. cm. — (Life stories = Biografías)
Includes index.
ISBN 978-1-4488-3215-6 (library binding)
1. Washington, George, 1732-1799—Juvenile literature. 2. Presidents—United States—Biography—Juvenile literature. I. Title.
E312.25.G67 2011
973.4'1092—dc22
[B]

2010032469

Web Sites: Due to the changing nature of Internet links, PowerKids Press has developed an online list of Web sites related to the subject of this book. This site is updated regularly. Please use this link to access the list:
www.powerkidslinks.com/life/gwash/

Manufactured in the United States of America

CPSIA Compliance Information: Batch #WW11PK: For Further Information contact Rosen Publishing, New York, New York at 1-800-237-9932

Contents

Contenido

Meet George Washington

George Washington was an **explorer**, a soldier, a farmer, and a president. He led U.S. forces in the **American Revolution**. He also helped write the **Constitution**. He was elected the first president of the United States.

Washington was one of the most important people of his time. The United States is the country it is today thanks to George Washington.

George Washington played a big part in the formation of the United States.

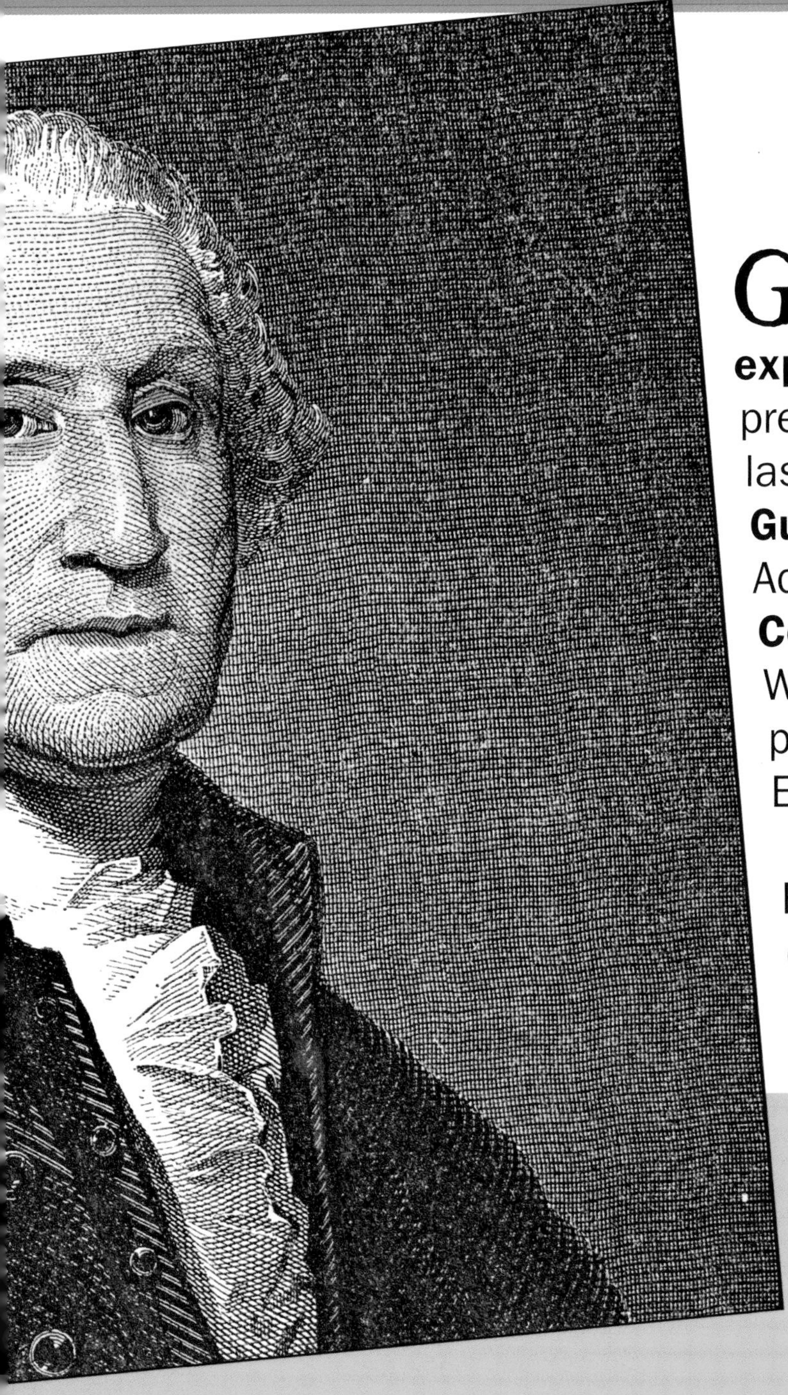

Conoce a George Washington

George Washington fue **explorador**, soldado, granjero y presidente. Washington lideró las fuerzas de EE.UU. en la **Guerra de Independencia**. Además ayudó a redactar la **Constitución** de este país. Washington fue elegido el primer presidente de los Estados Unidos.

Gracias a Washington los Estados Unidos es el país que hoy conocemos.

George Washington jugó un papel muy importante en la formación de los Estados Unidos.

Young George

George Washington was born in Virginia in 1732. His family owned several large farms. At 16, George joined an **expedition** to make maps of the Shenandoah Valley.

In 1752, Washington joined the **militia**, where he was made an officer. He fought on the side of the British in the French and Indian War. He faced death more than once but proved himself a great soldier.

This painting shows a battle scene from the French and Indian War. The war lasted from 1754 until 1763.

Esta pintura muestra una escena de la Guerra Franco-india. La guerra duró de 1754 a 1763.

Washington was 6 feet 2 inches (1.9 m) tall. This was very tall for the time during which Washington lived.

Washington medía 6 pies 2 pulgadas (1.9 m). Washington era un hombre muy alto para su época.

Los primeros años

George Washington nació en 1732, en Virginia. Su familia tenía varias granjas. A los 16 años, George se unió a una **expedición** para crear mapas del valle Shenandoah.

En 1752, Washington se unió a la **milicia** donde lo nombraron oficial. Washington peleó con los británicos durante la Guerra Franco-india. Washington puso su vida en peligro muchas veces, pero fue un gran soldado.

Life in Early America

Washington grew up in **Colonial** America. The colonists were mostly British and European. One quarter of the people living in the colonies were African slaves.

It was an exciting time for Washington to be an adventurer and a young soldier. Towns were growing. Settlers were exploring new lands to the west. By the 1760s, people were beginning to talk about the colonies becoming **independent** from Britain.

This map shows the 13 colonies that became the United States after the American Revolution.

Este mapa muestra las 13 colonias que se convertirían en los Estados Unidos después de la Guerra de Independencia.

In 1760, the largest Colonial town was Philadelphia, Pennsylvania. It had 25,000 people. This is Philadelphia's Independence Hall.

En 1760, la colonia más poblada era Filadelfia, Pensilvania. Tenía unos 25,000 habitantes. Aquí vemos la Residencia de la Independencia en Filadelfia.

Vida en las colonias

Washington creció en la América **colonial**. En su mayoría, los colonos eran británicos y europeos. Una cuarta parte de los habitantes de las colonias eran esclavos africanos.

Era un buen momento para ser un aventurero y un joven soldado. Los pueblos crecían y los colonos exploraban nuevos territorios en el oeste. En 1760 en las colonias, se hablaba de la idea de ser **independientes** de la Gran Bretaña.

Taking His Place

Washington left the militia in 1758. The next year he married Martha Dandridge Custis.

In 1775, Washington traveled to Philadelphia as a **delegate** to the Second Continental Congress. The Congress wanted the colonies to be independent from Britain. The Congress knew that the British would not let the colonies go without a fight. The Congress picked Washington as commander-in-chief, or leader, of the new Continental army.

Washington married Martha Dandridge Custis in 1759. This is a painting of her.

Esta es una pintura de Mathta Dandridge Custis, con quien Washington se casó en 1759.

Su papel en la historia

Washington dejó la milicia en 1758. Al siguiente año se casó con Martha Dandridge Custis.

In 1775, Washington viajó a Filadelfia como **delegado** al Segundo Congreso Continental. El congreso quería que las colonias se separaran de la Gran Bretaña. El congreso sabía que los británicos no lo permitirían. El congreso eligió a Washington como comandante en jefe de la nueva Armada Continental.

This newspaper cartoon was made to show that colonists thought Britain's taxes on them were unfair.

Esta caricatura de un periódico muestra que los colonos pensaban que los impuestos de la Gran Bretaña eran injustos.

The Commander-in-Chief

The American Revolution began in 1775. Washington and his men won important battles in the New Jersey towns of Trenton, Princeton, and Monmouth.

In 1781, Washington led his men to victory at the Battle of Yorktown, in Virginia. The British surrendered. Britain agreed to give the American colonies their independence. The Treaty of Paris brought the American Revolution to an end in 1783.

This picture shows Washington leading troops across the Delaware River to fight the Battle of Trenton in 1776.

En esta pintura vemos a Washington y sus tropas cruzando el río Delaware en la Batalla de Trenton en 1776.

This painting shows the British surrendering to Washington at Yorktown in 1781.

En esta pintura vemos a los británicos rindiendose en Yorktown, en 1781.

El Comandante en Jefe

La Guerra de Independencia comenzó en 1775. Washington y sus tropas ganaron batallas importantes en los pueblos de Trenton, Princeton y Monmouth en Nueva Jersey.

En 1781, Washington ganó la batalla de Yorktown, en Virginia. Los británicos se rindieron y les otorgaron la independencia a la colonias. La Guerra de Independencia terminó con la firma del Tratado de París, en 1783.

Writing the Constitution

After the American Revolution, the new states wrote the Articles of Confederation. It soon became clear that these articles were not strong enough to guide the new nation. In 1787, Washington led the delegates as they wrote the Constitution of the United States.

The Constitution states the rights and freedoms granted to each citizen. It gives certain powers to each part of the government.

Washington led the delegates as they wrote the Constitution.

Washington fue el líder de los delegados durante la formación de la Constitución.

This is the Constitution. Each delegate had different ideas about how the Constitution would organize the government.

Ésta es la Constitución. Cada delegado tenía diferentes ideas sobre la manera en que la Constitución organizaría el gobierno.

CONGRESS, JULY

Declaration of the ... States

We the People of the

Tranquility, provide for the common defence,

ity, do ordain and establish this Constitution fo

Article. 1

La Constitución

Al finalizar la Guerra de Independencia, los nuevos estados escribieron los Artículos de la Confederación, pero se dieron cuenta de que estos artículos no eran suficientes para guiar la nueva nación. En 1787, Washington llevó a los delegados a escribir la Constitución de los Estados Unidos.

La Constitución es un documento que dicta los derechos y libertades de los ciudadanos. Además, le da poder a las diferentes áreas del gobierno.

The First President

By 1788, all the states had ratified, or accepted, the Constitution. The **Electoral College** picked Washington as the country's first president.

During Washington's presidency, there were wars going on in Europe. Washington felt it was best for the young United States to be neutral, or not to pick sides in the wars. Instead, he worked to bring the new states together as a strong, safe nation.

Washington was sworn in as president at Federal Hall in New York City. Many people came to watch.

Washington juró como presidente en Federal Hill, en la cludad de Nueva York. Muchas personas asistieron al evento.

George Washington became the first president of the United States on April 30, 1789.

George Washington se convirtió en el primer presidente de los Estados Unidos, el 30 de abril de 1789.

El primer presidente

En 1788, todos los estados habían aceptado la Constitución. El **Colegio Electoral** eligió a Washington como el primer presidente.

Durante la presidencia de Washington había guerras en Europa. Washington decidió no tomar partido. En cambio, se dedicó a unir a los estados como una nación fuerte.

Leaving the Job

Washington served two terms as president of the United States. His second term ended in 1796. Washington believed that change was important for a **democratic** government. He did not want to become a lifetime ruler, like the kings of Europe.

Washington wrote a farewell letter to the nation when he stepped down as president. He told the people to work together to keep the young country strong.

Washington returned to Mount Vernon after he stepped down as president. His house still stands there today.

Washington regresó a Mount Vernon al finalizar su presidencia. La casa continúa en pie.

This picture of Washington is based on a 1796 painting by Gilbert Stuart.

Esta pintura de Washington se basa en una obra de Gilbert Stuart de 1796.

El retiro

Washington tuvo dos turnos como presidente. Su segundo turno acabó en 1796. Washington creía que el cambio de líderes era importante en un gobierno **democrático**. Cuando dejó la presidencia, Washington escribió una carta de despedida a la nación. En ella pidió a los ciudadanos que trabajaran arduamente para hacer fuerte al joven país.

We Remember Washington

After leaving office, Washington returned to Mount Vernon. He died there on December 14, 1799, from an **infection** in his throat. He was 76 years old.

Writers, politicians, and everyday citizens were saddened by his death. Many people wrote articles, speeches, and letters about Washington. Today, Washington is remembered as a great patriot and the Father of Our Country.

Washington is honored in many ways. His face is on the quarter (bottom) and Mount Rushmore (top).

Recordando a Washington

Al final de su presidencia, Washington regresó a Mount Vernon. Washington murió el 14 de diciembre de 1799, de una **infección** en la garganta. Washington tenía 76 años.

Escritores, políticos y gente común y corriente se pusieron muy tristes con su muerte. Muchos escribieron discursos, artículos y cartas sobre Washington. Hoy, Washington es recordado como un gran patriota y como el Padre de nuestra Nación.

Washington es honrado de muchas maneras. Su rostro se encuentra en la moneda de 25 centavos (*quarter*) (fotografía en la parte inferior) y en Mount Rushmore (parte superior).

Timeline/ Cronología

February 22, 1732
22 de febrero de 1732

Washington is born in Virginia to Augustine and Mary Ball Washington.

Washington nace del matrimonio entre Augustine y Mary Ball Washington.

1754

Washington is made a lieutenant colonel in the British army and is sent to fight in the French and Indian War.

Washington es nombrado coronel en la armada Británica y es enviado a pelear en la Guerra Franco-india.

1775

Washington is picked to be commander-in-chief of the Continental army.

Washington es elegido comandante en jefe de la armada continental.

October 19, 1781
19 de octubre de 1781

Washington defeats the British at the Battle of Yorktown.

Washington derrota al ejército británico en la batalla de Yorktown.

April 30, 1789
30 de abril de 1789

Washington is sworn in as the first president of the United States. He serves two terms and leaves office in 1796.

Washington jura como primer presidente de los Estados Unidos. Washington gobierna dos turnos hasta 1796.

December 14, 1799
14 de diciembre de 1799

Washington dies at Mount Vernon.

Washington muere en Mount Vernon.

Glossary

American Revolution (uh-MER-uh-ken reh-vuh-LOO-shun) Battles that soldiers from the colonies fought against Britain for freedom, from 1775 to 1783.

Colonial (kuh-LOH-nee-ul) Having to do with the period of time when the United States was made of 13 colonies ruled by England.

Constitution (kon-stih-TOO-shun) The basic rules by which the United States is governed.

delegate (DEH-lih-get) A person acting for another person or a group of people.

democratic (deh-muh-KRA-tik) Having to do with a government that is run by the people who live under it.

Electoral College (ih-LEK-tuh-rul KO-lij) A group of people who pick the president based on who gets the most votes in a national election.

expedition (ek-spuh-DIH-shun) A trip for a special purpose.

explorer (ek-SPLOR-er) A person who travels and looks for new land.

independent (in-dih-PEN-dent) Free from the control of others.

infection (in-FEK-shun) A sickness caused by germs.

militia (muh-LIH-shuh) A group of people who are trained and ready to fight when needed.

Glosario

Colegio Electoral (el) Grupo de personas que eligen al presidente con base al número de votos en una elección a nivel nacional.

Colonial La época en que los Estados Unidos estaba formado por 13 colonias al mando de Gran Bretaña.

Constitución (la) Las reglas con las que se gobiernan los Estados Unidos de América.

delegado, a (el/la) Una persona que representa a otra persona o grupo de personas.

democrático Tipo de gobierno que es formado por la gente que vive bajo su mando.

expedición (la) Un viaje con un propósito determinado.

explorador, a (el/la) Una persona que viaja en busca de nuevas tierras u objetos.

Guerra de Independencia (la) Guerra que las colonias pelearon para lograr su independencia de la Gran Bretaña de 1775 to 1783.

independiente Libre del control de otros.

infección (la) Una enfermedad causada por gérmenes.

milicia (la) Un grupo de personas entrenadas para pelear cuando se les necesite.

Index

Índice